LES
NOUVELLES ACTIONS

DE

L'UNION GÉNÉRALE

PAR

S. VAINBERG

DOCTEUR EN DROIT, AVOCAT A LA COUR DE PARIS

Prix : 3 francs

PARIS

LIBRAIRIE A. MARESCQ AINE

A. CHEVALIER-MARESCQ, SUCCESSEUR

20, RUE SOUFFLOT, 20

1882

LES
NOUVELLES ACTIONS
DE
L'UNION GÉNÉRALE

5343. — PARIS — TYPOGRAPHIE TOLMER ET Cie

3, rue de Madame, 3

LES
NOUVELLES ACTIONS

DE

L'UNION GÉNÉRALE

PAR

S. VAINBERG

DOCTEUR EN DROIT, AVOCAT A LA COUR DE PAR

Prix : 3 francs

PARIS

LIBRAIRIE A. MARESCQ AINE

A. CHEVALIER-MARESCQ, SUCCESSEUR

20, RUE SOUFFLOT, 20

1882

LES
NOUVELLES ACTIONS

DE

L'UNION GÉNÉRALE

I

Le cataclysme financier qui menaçait d'atteindre notre crédit public et privé a pu, grâce à des efforts qu'on ne peut pas assez apprécier, être limité à des régions et à des classes bien restreintes.

Le danger est certainement pour le moment conjuré, mais il n'est pas complétement écarté.

L'épée de Damoclès est toujours suspendue sur nos têtes, et cette crise peut encore devenir un véritable désastre pour toute la fortune mobilière de la France.

La cause immédiate de cette crise n'est ignorée par personne, et malgré la sphère élevée et par conséquent impartiale dans laquelle doit toujours planer un article juridique, nous n'hésitons pas à envisager les faits et nous ne reculons pas devant la tâche ingrate qu'impose l'exposé d'une situation matérielle.

Personne ne conteste que la crise financière a été surtout provoquée par la surspéculation (que l'on nous permette ce mot barbare) d'une institution de crédit dont le nom restera gravé dans les annales de la Bourse, par l'*Union Générale*.

Notre intention n'est pas de nous livrer ici à une critique sur ses opérations, et encore moins de nous attribuer le rôle trop facile de moralistes; nous nous contenterons de constater les faits et de les résumer.

Or, l'*Union Générale*, dont la constitution ne date que depuis le milieu de l'année 1878, a vu ses actions de 500 francs sur lesquelles on n'avait versé que le quart, soit 125 francs, atteindre et dépasser le cours de 3,000 francs. Cette hausse ne pouvait nécessairement se produire que par une spéculation fictive, par des manœuvres dont le caractère est aussi déloyal que dangereux.

Malheureusement les conséquences inévitables ne se sont pas fait attendre longtemps, et la ruine a été assez grande pour attirer toute l'attention du public.

L'*Union Générale* est en ce moment en faillite, son Président et le Directeur sont sous les verrous; nous avons la profonde conviction que la justice fera son devoir et suivra son cours régulier.

La répression, il est vrai, ne réparera pas le malheur causé : il aurait peut-être mieux valu prévenir que punir, mais c'est là une question qui fera l'objet d'une étude particulière.

Pour le moment, il s'agit de ne pas augmenter le désastre; il s'agit surtout de chercher par tous les moyens à inspirer la confiance, cet élément indispensable au crédit, et de relever notre marché financier.

Les bruits, si absurdes qu'ils soient, doivent être immédiatement démentis ; en un mot chacun doit faire son devoir.

Dans une situation analogue, il n'y a pas de petits moyens et on ne doit pas reculer devant la crainte d'être trop prolixe dans les réfutations des nouvelles que les gens timorés répandent, soit à dessein, soit par affolement.

La liquidation fin janvier de la place de Paris a passé, malgré les nombreuses victimes qu'elle a faites, relativement bien, sans trop entasser de ruines ; mais il faut qu'en ce moment le public soit rassuré, que cette crise s'arrête là, qu'elle ne prenne pas une plus grande extension et que personne ne soit plus menacé.

Malheureusement depuis quelques jours un bruit aussi absurde que ridicule circule à la Bourse.

On attribue au syndic de la faillite de l'*Union Générale* l'intention d'exiger le versement sur les actions nouvelles que l'Assemblée Générale des actionnaires de cette Banque (novembre 1881) avait décidé de créer, et dont le nombre s'élève à 100,000. Ces actions devaient être émises avec une prime de 350 francs.

Ce bruit, que nous n'hésitons pas à caractériser d'absurde, a suffi pour répandre la panique et pour arrêter les opérations sérieuses qui commençaient à reprendre.

Nous avons constaté avec un grand regret que le syndic de la faillite ne s'est pas empressé de démentir catégoriquement cette nouvelle par tous les moyens qui sont à sa disposition, et qu'il s'est rendu par là, pour ainsi dire complice de cette allégation invraisemblable qui ne peut subir non-seulement une discussion juridique, mais pas même une discussion logique.

Ce fait prouve suffisamment combien est urgente une réforme des lois sur la faillite.

Sans vouloir mettre ici en suspicion ni la capacité ni l'honorabilité de nos syndics, le cas est assez probant pour constater combien il est dangereux d'abandonner à une personne, prise en dehors des intéressés, toute la direction de ces affaires dont les conséquences désastreuses peuvent être incalculables.

Imaginons-nous pour un moment l'impossible, c'est-à-dire que le syndic ose faire cette tentative et essaie d'appeler le versement sur les nouvelles actions.

Sait-on que ceci suffirait pour ruiner complétement notre marché libre ; sait-on que cette tentative seule coûtera plusieurs centaines de millions, de nombreuses existences matérielles, et des vies d'hommes?

Ce pouvoir redoutable du syndic fait en effet frémir. Et que l'on ne vienne pas nous dire que le syndic est sinon surveillé, du moins obligé de rendre compte de tous ses actes au juge commissaire. Quiconque vit dans les affaires pratiques sait que cette surveillance est plutôt nominale que réelle et que le syndic est le véritable « dominus litis », le meneur de l'affaire.

Nous venons de dire que si le syndic osait faire l'appel, cette tentative serait incalculable dans ses conséquences.

En effet, si le syndic osait prendre cette mesure, elle ne pourrait être qu'une simple tentative, car le résultat est indubitable : il n'y a pas une seule juridiction au monde qui pourra accepter un tel système, puisqu'il est contraire à tout élément de droit, au bon sens et à la logique; mais elle suffirait pour créer des ruines irréparables.

La panique s'emparera de tout notre marché et une fois la crainte déchaînée, elle ne connaîtra plus de limites.

N'est-ce pas en effet quelque chose d'effrayant d'abandonner aux mains d'une seule personne la vie de milliers d'hommes, l'existence matérielle de nombreuses familles et même le maintien pour un certain temps de notre crédit public?

Que l'on n'oublie pas que la tentative seule suffirait pour produire cet effet, car le résultat n'est douteux pour personne.

Si l'on ose dire qu'il s'agit ici d'une question de principe, de droit, que le syndic n'a pas qualité pour résoudre, et que la juridiction compétente est seule apte à apprécier, nous n'hésitons pas à déclarer que dans les circonstances analogues la fière théorie « Périssent les colonies plutôt qu'un principe! » est au plus haut degré dangereuse et par conséquent coupable.

Nous ne pouvons pas admettre que l'on fasse une tentative d'une interprétation de loi, fût-elle même obscure et douteuse, sur les cadavres de milliers de personnes et sur les ruines fumantes de nombreuses existences.

Cette tentative, dont le résultat est pour nous d'avance

condamné, ne sera certainement pas faite; mais puisque M. le syndic a eu le grand tort de ne pas démentir immédiatement les bruits mensongers qui circulent, nous tâcherons de prouver par nos lois existantes que cet essai ne peut pas être tenté et que toute crainte à cet effet est éphémère.

II

Avant de commencer notre démonstration juridique, il est bien nécessaire d'établir les faits et de préciser le mode de constitution de l'*Union Générale*. Cette Société fut fondée vers le milieu de l'année 1878 avec un capital de 25,000,000 fr. représenté par 50,000 actions de 500 francs chacune. Sur ces actions le quart seulement fut versé; le capital effectif de la Société était donc de 6,250,000 francs.

Quelques mois après sa constitution, M. Bontoux entra dans le conseil d'administration et après la démission de M. de Plœuc, il fut nommé Président du Conseil.

Le capital de la Société, qui était relativement petit pour les plans financiers conçus par M. Bontoux, fut doublé dès le début de l'année 1879 : 50,000 actions nouvelles furent émises avec une prime de 20 francs, de telle sorte que le premier quart, au lieu d'être de 125 francs, fut de 145 francs.

Cette prime constitua à la Société une réserve d'un

million et le capital fut porté à 50,000,000 francs, sur lesquels 12,500,000 francs furent effectivement versés.

Le nombre d'actions était par conséquent de 100,000 de 500 francs chacune.

Ce capital fut à son tour bientôt jugé insuffisant et dès le mois de novembre 1880, c'est-à-dire dix-huit mois après la constitution de la Société, une augmentation du capital eut de nouveau lieu : il fut doublé et porté à 100 millions par une émission de 100,000 nouvelles actions de 500 francs chacune, mais cette fois les actions furent émises avec une prime de 175 francs.

Il fut par conséquent versé par action 125 francs en payement du premier quart du montant de l'action, et 175 francs destinés au fonds de réserve.

Cette prime augmenta ce fonds de 17 millions et demi.

Ces actions, comme les précédentes, furent exclusivement réservées aux propriétaires des anciennes actions.

M. Bontoux, encouragé par le succès obtenu, fit de nouveau décider par l'Assemblée générale une augmentation de capital.

Les actionnaires de cette Société, réunis au mois de novembre dernier en Assemblée générale, prirent la décision :

1° De donner au conseil d'administration tous les pouvoirs pour porter le capital social à 150 millions par une émission de 100,000 nouvelles actions de 500 francs chacune à partir du 31 décembre 1881 ;

2° Ces actions devaient être émises avec une prime

de 350 francs et être entièrement libérées, ce qui constituait un versement effectif de 850 francs par action ;

3° Ces actions nouvelles devaient être réservées aux anciens actionnaires à raison d'une nouvelle pour deux anciennes actions ;

Et enfin 4° les bénéfices résultant des primes de ces différentes émissions, ainsi que les autres versées au fonds de réserve, au lieu d'être distribuées, seraient employées à libérer entièrement les anciennes actions au nombre de 200,000.

Les bénéfices que cette nouvelle émission devait produire à raison de la prime de 350 francs, devaient s'élever à 35 millions, auxquels il faut ajouter le bénéfice d'un million, résultant de la première émission de 50,000 actions avec une prime de 20 francs, et le bénéfice de 17 millions et demi résultant de la seconde émission de 100,000 actions avec une prime de 175 francs, ce qui devait constituer un bénéfice total de 53 millions et demi, résultant de ces trois différentes missions, savoir :

Bénéfice de :

50,000 act. avec prime de 20 fr. soit			1,000,000 fr.
100,000 — — 175 —			17,500,000
100,000 — — 350 —			35,000,000
		Soit la somme totale de	53,500,000 fr.

A cette somme de 53,500,000 francs il faut ajouter encore les bénéfices faits par la Société et s'élevant, d'après la déclaration faite à l'Assemblée générale du mois de novembre, à 36,000,000 de francs.

Les disponibilités des exercices antérieurs, non

compris la réserve statutaire, s'élevaient d'autre part à 25 millions et demi. La Société aurait donc en réalité disposé de 97 millions.

C'est sur cette réserve, qui devait exister après cette dernière émission, que l'Assemblée générale décida de prélever 75,000,000 pour libérer les 200,000 premières actions.

Le capital social aurait atteint de cette manière 200 millions de francs, ayant en outre une réserve de 22 millions de francs.

On voit que par cette combinaison l'ancien actionnaire qui avait pour ainsi dire un privilége sur une nouvelle action à raison de deux anciennes, libérait lui-même ses anciennes actions, et en ne faisant qu'un très-petit bénéfice, puisqu'il était forcé de payer une prime de 350 francs pour en avoir une nouvelle, tandis que pour libérer ses anciennes il n'aurait eu qu'à verser 375 francs, soit une différence de 25 francs sans compter les primes antérieures de 20 francs et de 175 francs qu'il avait déjà payées.

Les questions juridiques qui s'imposent donc à la suite de cette combinaison sont nombreuses et complexes.

Il s'agit avant tout de savoir si la décision de l'Assemblée générale du mois de novembre est régulière et si, par conséquent, l'émission décidée par elle de 100,000 nouvelles actions est légale et si le nouvel appel de fonds peut être fait par le syndic sur ces actions.

On voit que les solutions qui doivent résulter de

cette question offrent, non-seulement un intérêt pour l'homme de loi, mais qu'elles touchent aussi directement toutes nos institutions de crédit.

III

La décision prise par l'Assemblée générale des actionnaires de l'Union Générale du mois de novembre, et que nous venons de résumer consistait à émettre 100,000 nouvelles actions entièrement libérées avec une prime de 350 francs, essentiellement réservées aux actionnaires actuels à raison d'un nouveau titre contre deux anciens. Elle disposait ensuite que les bénéfices résultant de cette émission, c'est-à-dire de la prime de 350 francs, ajoutée aux bénéfices antérieurs, devaient être employés à la libération du reliquat des 375 francs dus par les anciennes actions.

De cette décision, il résulte donc ce dilemme fatal : ou bien les nouvelles 100,000 actions ont été souscrites ou bien elles ne l'ont pas été.

Dans le premier cas, les anciennes et les nouvelles actions sont entièrement libérées, puisque les bénéfices obtenus de l'émission des 100,000 nouvelles actions ajoutés aux bénéfices réalisés antérieurement suffisaient à libérer entièrement les 200,000 anciennes actions.

Dans ce cas, aucun appel de fonds de la part du syndic n'est donc possible, puisque toutes les actions sont entièrement libérées.

2° Ou bien toutes les nouvelles actions n'ont pas été souscrites, et alors les anciennes ne sont pas non plus libérées.

Dans cette situation, avant de faire un nouvel appel de fonds sur les nouvelles actions, il est nécessaire de faire le versement complémentaire sur les anciennes.

Sous ce point de vue même, un appel de fonds sur les nouvelles actions est absolument impossible.

En effet, supposons qu'un ancien actionnaire ayant prévu le cataclysme présent a renoncé au privilége réservé et a refusé la souscription de la nouvelle action : ce titre est donc devenu libre, et pouvait être souscrit par un nouvel actionnaire, mais sous la condition que la prime de 350 francs versée par lui au-dessus de la valeur nominale de son titre fût affectée à la libération des deux anciennes actions de celui qui a renoncé à cette nouvelle valeur.

Dans ce cas, ce n'est pas au nouvel actionnaire que l'on peut faire un appel de fonds, mais à l'ancien, puisque c'est lui qui doit encore 400 francs pour libérer entièrement ses deux anciennes actions. La question de fait est donc bien précise et bien claire, le bon sens et la logique l'indiquent ; d'où il résulte qu'aucun appel de fonds ne peut être fait aux souscripteurs des nouvelles actions.

Mais la question de droit est encore plus explicite.

Nous n'hésitons pas à déclarer que la négociation de toutes les nouvelles actions est absolument prohibée, et l'émission en elle-même est radicalement nulle.

L'Assemblée générale des actionnaires de l'Union Générale (novembre 1881) avait décidé que l'émission des nouvelles actions aurait lieu seulement le 31 décembre 1881 ; or, toute négociation antérieure est absolument nulle, puisque le titre avant cette date n'existait même pas, et la livraison ne devait se faire qu'à l'émission.

La loi du 24 juillet 1867, sur les Sociétés, dans son article 12, édicte formellement : « Les actions ou coupons d'actions sont négociables après le versement du quart. »

La jurisprudence ainsi que la plupart des auteurs exigent, pour que la négociation soit possible, qu'il n'y ait pas que l'action seule destinée à la négociation qui soit libérée d'un quart, mais encore que toutes les actions le soient également.

M. Rivière dit : « Nous décidons que quand même un actionnaire aurait versé les deux cinquièmes (aujourd'hui le quart) de ses actions, il ne pourrait pas les négocier si les autres actions n'étaient pas libérées dans la même proportion au moment où il opère la négociation (page 43). Mathieu et Bourguignat, n. 27. — Bedarrides, tome I, page 107. — Observation de M. Aymée, séance du 12 juin 1867 (*Moniteur* du 13); Rousseau, tome I, page 381.

Que l'on ne se méprenne cependant pas sur notre opinion.

Nous ne soutenons pas que les actions nouvelles de l'Union Générale étaient frappées d'une indisponibilité absolue, nous soutenons seulement qu'elles n'étaient pas négociables, ce qui veut dire que la propriété de ces actions était parfaitement transmissible, même avant le versement du quart, mais seulement par la voie civile ; par exemple par la cession, par dotation, testament, etc..., et non pas par les voies commerciales, par la négociation. « Ce qui est défendu et puni, disait l'exposé des motifs de la loi de 1845, c'est la négociation à la Bourse ou ailleurs, avec ou sans l'intermédiaire d'agents de change, tantôt au moyen de procuration en blanc, tantôt par d'autres procédés, par tradition manuelle, par endossement, par transfert signé sur les registres de la Société, en un mot par les voies commerciales. »

MM. Mathieu et Bourguignat se demandent pourquoi cette différence entre les voies civiles et les voies commerciales : pourquoi les unes sont-elles permises et les autres interdites ? Et la réponse à ces questions paraît avoir été faite par ces auteurs, en envisageant la situation de l'Union générale :

« C'est que celles-ci seules, disent-ils, donnent *lieu à l'agiotage, à des manœuvres de Bourse destinées à tromper le public sur la valeur actuelle ou future de l'action ; c'est à cet agiotage et à ces manœuvres que le législateur a voulu mettre un frein.*

« Mais il n'a pas entendu empêcher la transmission du titre, lorsque le mode de cette transmission exclut chez ceux qui l'emploient *les manœuvres frauduleuses d'une part, l'entraînement et l'irréflexion de l'autre.* » (Nᵒ 26.)

Bédarrides émet la même opinion (nᵒ 51) : « En conséquence, dit-il, tant que l'action n'a pas été libérée du quart, la propriété ne peut en être transférée que par la voie civile et l'accomplissement des formalités tracées par le Code civil. »

On voit donc qu'avant le versement du quart, il ressort clairement de l'esprit de la loi que toute négociation d'un titre est nulle, et par conséquent un appel de fonds sur un titre qui a été transmis contrairement à la loi est une absurdité juridique.

Mais supposons que le versement du quart ait eu lieu sur toutes les nouvelles actions postérieurement à la date du 31 décembre 1881. Dans cette hypothèse même, nous n'hésitons pas à déclarer que la négociation des nouvelles actions, telle qu'elle a été pratiquée, est radicalement nulle.

Le premier alinéa de l'art. 3 de la loi de 1867 dit : « Il peut être stipulé, mais seulement par les statuts constitutifs de la Société, que les actions ou coupons d'actions, pourront, après avoir été libérés de moitié, être convertis en actions au porteur par délibération de l'Assemblée générale. »

Il résulte donc de cet article que les actions sont et restent de droit nominatives jusqu'à entière libération, mais elles peuvent être après libération de moitié converties en actions au porteur, à condition : 1° qu'une clause spéciale des statuts ait réservé à l'Assemblée générale le droit de prononcer cette conversion ; 2° que l'Assemblée générale l'ait consacré (Bédarrides, page 118).

Il résulte en outre de cette disposition de la loi que

pour que l'Assemblée générale puisse décider la conversion des titres nominatifs en titres au porteur, les actions soient d'abord toutes, sans aucune exception, libérées de moitié, et que la décision ne soit prise qu'après ce versement. M. Bédarrides pose à ce sujet les questions suivantes : « Faut-il que cette libération soit un fait accompli pour toutes les actions sans exception au moment de la réunion de l'Assemblée générale ? »

« Peut-elle se réaliser isolément au fur et à mesure qu'on voudra échanger l'action nominative contre un titre au porteur ? »

Le savant commentateur répond : « L'article 3 en effet, portant que les actions pourront, après avoir été libérées de moitié, être converties en actions au porteur, fait de cette libération la condition de la conversion. Elle doit par conséquent précéder celle-ci, et comme il ne s'agit pas pour l'Assemblée générale de convertir telles ou telles actions, comme le bénéfice de sa libération s'applique « *hic et nunc* » à *toutes les actions sans exception*, il faut que chacune d'elles réunisse la condition à laquelle la loi subordonne ce bénéfice. » Voir aussi Rousseau, 1105 et 1106.

La jurisprudence est à présent constante et a consacré ce principe (Tribunal de commerce 11 février 1881 ; Cour de cassation du 21 juillet 1879).

Or, la décision prise par l'Assemblée générale des actionnaires du mois de novembre prouve suffisamment que loi a été violée et que la négociation est absolument illégale.

En effet, au moment où l'émission des nouvelles

actions devait avoir lieu, c'est-à-dire le 31 décembre 1881, époque fixée par l'Assemblée générale, il est incontestable que les anciennes actions étaient encore nominatives, puisque le quart seul avait été versé et qu'elles ne devaient être totalement libérées que par le bénéfice résultant de la prime des nouvelles 100,000 actions, et comme les actions pour être au porteur doivent être *toutes* libérées de moitié, il est évident que les nouvelles actions ne pouvaient être que nominatives.

La négociation de ces titres ne pouvait s'effectuer que conformément à la loi, en accomplissant certaines formalités, qui ne peuvent pas être remplies après la faillite de la Société.

La négociation étant entachée d'une illégalité d'origine, elle ne peut être ultérieurement couverte par une formalité dont le caractère sera plutôt un expédient qu'un moyen légal, parce que le titre au moment de la négociation n'existait pas, et le moment de la livraison qui était l'émission n'est jamais arrivé. C'était en d'autres termes une vente sous une condition indéterminée qui ne s'est pas réalisée par la faillite de la Société.

La négociation qui s'est faite avec les actions de l'Union Générale doit être considérée comme nulle et non avenue.

Les titres n'existaient pas pour la transaction, et certes ce n'est pas M. le syndic qui pourrait leur attribuer cette force transactionnelle.

Par une simple autorisation de l'Assemblée générale des actionnaires, fût-elle même régulière, accordant au conseil d'administration le pouvoir d'augmenter le capital social, les titres n'existent pas encore ; pour que cela existe et qu'un caractère légal puisse leur être attribué, il faut que la souscription totale ait eu lieu, il faut que chaque nouvelle action ait son possesseur, il faut en d'autres termes que l'émission décidée réussisse.

Or, analysons les éléments qui constituent cette décision et envisageons la situation telle qu'elle se présente en ce moment.

L'Assemblée générale des actionnaires du mois de novembre avait décidé que l'émission des 100,000 nouvelles actions se ferait à partir du 31 décembre 1881 : donc, les titres avant cette date n'existaient pas, ce n'était qu'un simple projet qui devait trouver plus tard sa réalisation ; toute négociation, toute transaction est par conséquent devenue nulle, puisque le projet ne s'est pas réalisé, et que les titres n'ont pas été créés.

Il en est de même de la négociation des titres postérieurement à cette date.

Il est en effet en ce moment constaté que si des opérations fictives ont été faites à la Bourse sur ces nouvelles actions, il n'est encore nullement prouvé que les anciens actionnaires aient fait usage du bénéfice qui leur a été accordé par la décision de l'Assemblée générale de souscrire à un nouveau titre, à raison de deux anciens ; on ne sait pas, en d'autres termes, combien de nouvelles actions ont été souscrites par les anciens actionnaires et combien sont devenues libres pour la grande masse du public.

Dans ces conditions, les nouvelles actions n'ayant pas une attribution individuelle, l'émission doit être considérée comme n'ayant pas réussi et elle doit, par conséquent, être annulée. De ce fait, précis et incontesté, nous ne voulons cependant tirer aucune conséquence pouvant aller plus loin que notre pensée.

L'appel de fonds de 375 francs sur les anciennes actions est une question trop grave pour être résolue en quelques lignes.

Nous croyons qu'il y a dans la constitution de l'Union Générale trop de responsabilités engagées pour admettre la légalité de son existence.

IV

Nous espérons avoir démontré que la négociation des titres est, d'après nos lois existantes, radicalement nulle; que toutes les transactions sur les nouvelles actions doivent être considérées comme nulles et non avenues, car les versements effectués avant le 31 décembre 1881, même s'ils ont réellement eu lieu, doivent d'abord s'appliquer à toutes les actions, et en outre ne pouvaient se faire qu'après l'accomplissement de toutes les formalités prescrites par la loi.

Il nous reste à analyser la décision même de l'Assemblée générale, à voir si dans son ensemble elle n'est pas entachée d'un vice originaire qui en rend toutes les conséquences radicalement nulles.

Dans la décision de l'Assemblée générale du 5 novembre, nous trouvons quelques éléments que nous avons omis d'indiquer jusqu'à présent, mais qu'il est temps de signaler.

Elle a voté, outre les résolutions déjà exposées, que la souscription des nouvelles actions commencera immédiatement, c'est-à-dire le 5 novembre, et sera close le 23 novembre; le versement devait avoir lieu de la manière suivante :

250 francs en souscrivant;

250 francs du 5 au 10 décembre, et le reliquat de 350 francs du 20 au 25 décembre.

Ces nouvelles actions ne devaient être assimilées aux anciennes qu'à partir du 1er janvier 1882.

En ce qui concerne les 200,000 anciennes actions qui, d'après les statuts, devaient rester nominatives jusqu'à leur entière libération et sur lesquelles on n'avait versé que le quart, leur conversion en titres au porteur devait s'effectuer par le versement de 75 millions de francs, prélevés :

1° 50 millions sur les disponibilités des exercices antérieurs et de l'exercice qui devait être clos le 31 décembre 1881 ;

Et 2° 25 millions de francs sur la somme de 35 millions de francs provenant de la prime des 100,000 nouvelles actions.

De ces résolutions prises par l'Assemblée générale, deux hypothèses possibles, et que nous avons déjà formulées, s'imposent :

1° Toutes les actions nouvelles ont été souscrites et les sommes versées par les anciens actionnaires.

Alors tous les titres, aussi bien les anciens que les nouveaux, sont entièrement libérés, et dans ce cas on ne peut pas concevoir comment il .peut encore être question d'un nouvel appel de fonds ;

Ou, 2° toutes les actions n'ont pas été souscrites, et alors le nouveau capital n'a pas été entièrement versé, et par conséquent toutes les anciennes actions n'ont pas pu non plus être entièrement libérées. :

Il y a certainement encore une autre hypothèse, qui consisterait à soutenir que toutes les nouvelles actions n'ont pas été souscrites, mais une partie sur lesquelles le quart seulement a été versé. Le syndic est donc autorisé à demander le complément jusqu'à parfait payement de 850 francs sur ces actions souscrites.

Dans ce cas, la conséquence est absolument la même, puisque les anciennes actions n'ont pas pu être entièrement libérées ; d'où il résulte que sur les anciennes actions, un nouvel appel de fonds est possible et que l'émission des nouvelles est nulle.

En effet, la loi du 24 juillet 1867, ainsi que cela est admis à présent par la jurisprudence constante et par tous les auteurs, exige, pour le cas de l'augmentation du capital social, l'accomplissement de toutes les formalités nécessaires à la constitution d'une Société nouvelle sous peine de nullité.

L'art. 1er de cette loi déclare que les Sociétés ne peuvent être définitivement constituées qu'après la souscription de la totalité du capital social et le versement par chaque actionnaire du quart, au moins, du montant des actions par lui souscrites.

Cette souscription et ces versements sont constatés par une déclaration du gérant dans un acte notarié. A cette déclaration sont annexés la liste des souscripteurs, l'état des versements effectués, etc., etc..., et l'art. 7 ajoute : « Est nulle et de nul effet à l'égard des intéressés, toute Société.... constituée contrairement aux prescriptions des art. 1, 2, 3, 4..... de la présente loi. »

Le capital augmenté qui ne sera pas entièrement souscrit et sur lequel un quart n'aurait pas été versé, ou bien si le versement et la souscription ne sont pas déclarés par un acte notarié, sera donc nul et de nul effet.

Les sommes qui auraient été versées pour les nouvelles actions, dans le cas où elles ne seront pas toutes souscrites, pourront être reprises et aucune réclamation pour les versements complémentaires ne pourra être faite contre les souscripteurs.

« Attendu, dit un arrêt de la Cour de cassation du 27 janvier 1873 (S. 73. I. 165; D. 73. I. 334), que les Sociétés.... ne sont autorisées qu'à la condition que les actions représentant le capital social seront préalablement souscrites intégralement et réalisées en numéraire jusqu'à concurrence du quart de leur valeur nominale; que cette prescription d'ordre public s'applique nécessairement aux augmentations de ce même capital, autorisées par l'Assemblée générale des actionnaires; qu'une distinction ne saurait être faite entre le capital originaire et le capital nouveau; que l'un et l'autre sont la garantie des tiers et doivent être constitués dans les mêmes conditions; que s'il en était autrement la loi ne serait plus qu'un obstacle vain aux procédés et aux

abus que la sagesse du législateur a voulu prévenir, etc. »

De cette discussion il résulte donc indubitablement
que si toutes les actions nouvelles n'ont pas été souscrites et le quart versé, ou bien s'il y a eu des souscriptions fictives, ou enfin si la souscription et le versement n'ont pas été constatés par un acte notarié, toute
cette émission est nulle et de nul effet. Or, une de ces
éventualités a nécessairement eu lieu, car s'il en était
autrement, on n'aurait même pas pu songer à un
nouvel appel de fonds sur les anciennes actions, qui
devaient en grande partie être libérées par la prime
des nouvelles.

Ces prescriptions de la loi sont tellement formelles,
qu'il n'est pas même permis à l'Assemblée générale, fût-
elle composée de tous les actionnaires, de réduire le
capital à émettre au capital souscrit effectivement.

Cour de Paris, 24 mars 1859.

(S. 59. 2. 146.) Bedarrides, n° 21.

Rousseau, n° 1039.

Mais supposons que toutes les actions ont été souscrites, nous n'hésitons cependant pas à déclarer que
malgré cela la décision de l'Assemblée générale du
5 novembre 1881 est illégale, et par conséquent
nulle.

L'article 4 de la loi du 24 juillet 1867 dit : « Lorsqu'un
associé fait un apport qui ne consiste pas en numéraire,
ou stipule à son profit des avantages particuliers, la
première Assemblée générale fait apprécier la valeur de
l'apport ou la cause des avantages stipulés.

« La Société n'est définitivement constituée qu'après l'approbation de l'apport ou des avantages, donnée par une autre Assemblée générale, après une nouvelle convocation.

« La seconde Assemblée générale ne pourra statuer sur l'approbation de l'apport ou des avantages qu'après un rapport qui sera imprimé et tenu à la disposition des actionnaires, cinq jours au moins avant la réunion de cette Assemblée.

« Les délibérations sont prises par la majorité des actionnaires présents.

« Cette majorité doit comprendre le quart des actionnaires et représenter le quart du capital social en numéraire.

« Les associés qui ont fait l'apport ou stipulé des avantages particuliers soumis à l'appréciation de l'Assemblée n'ont pas voix délibérative.

« A défaut d'approbation, la Société reste sans effet à l'égard de toutes les parties.

« L'approbation ne fait pas obstacle à l'exercice ultérieur de l'action qui peut être intentée pour cause de dol ou de fraude.

« Les dispositions du présent article, relatives à la vérification de l'apport qui ne consiste pas en numéraire, ne sont pas applicables au cas où la Société à laquelle est fait ledit apport est formée entre ceux seulement qui en étaient propriétaires par indivis. »

Rappelons, avant de commencer la discussion de cet article, que ses dispositions sont applicables, comme nous venons de l'établir, non-seulement à la constitution d'une Société, mais aussi à l'augmentation du capital de la même Société.

C'est un fait aujourd'hui acquis et hors de toute discussion.

Or, qu'est-ce qui résulte de la délibération de l'Assemblée générale décidant l'augmentation du capital social de 50,000,000 francs?

Les termes sont assez explicites et assez clairs.

Sur la prime de 350 francs avec laquelle les nouvelles actions sont émises, 250 francs devaient être prélevés en faveur des anciens actionnaires pour libérer d'un quart leurs anciens titres; le reliquat de 100 francs devait servir à augmenter le fonds de réserve de la Société.

Ce prélèvement constitue donc évidemment un avantage accordé aux anciens actionnaires, avantage qui est prévu par l'article 4 que nous venons de citer et qui, pour être légal, doit subir toutes les formalités prescrites.

Qu'on ne vienne pas nous dire qu'il s'agit d'une action de prime parfaitement licite et permise par la loi, car l'action de prime telle qu'elle a été envisagée jusqu'à présent par la jurisprudence et la doctrine diffère essentiellement de l'action émise par l'Assemblée générale de l'Union avec une prime.

« En effet, les actions de prime, dit Rousseau, sont celles que les fondateurs délivrent gratuitement à des individus qui ont aidé la Société ou qui ont promis de concourir à en développer le succès. Ces actions ne donnent droit qu'au partage des bénéfices dans les conditions déterminées ». Rivière est du même avis, pourtant M. Vavasseur (n° 49) et M. Beudant (*Revue critique* 1870, p.115 et suiv.) n'acceptent même pas ces actions de prime, ce qui prouve que leur légalité n'est pas hors de toute contestation.

Dans tous les cas, en admettant même la légalité de ces actions, elles diffèrent essentiellement, comme on le voit, des nouvelles actions créées par l'Union Générale. Dans les premières, il s'agit d'un titre particulier qui participe au partage des bénéfices dans des conditions déterminées, tandis que les secondes sont des actions ordinaires représentant le capital social et sur lesquelles un versement immédiat en numéraire est affecté spécialement à la libération d'une partie des anciennes actions.

C'est donc indubitablement un avantage accordé aux anciens actionnaires au détriment des nouveaux.

Il y a là une inégalité dans la condition des associés, en d'autres termes *un avantage particulier* inscrit dans notre article 4 qui exige la vérification des apports.

Du reste, même les actions dites de prime sont régies par les dispositions du même article.

M. Vavasseur dit avec une haute raison : « M. Beslay fait une distinction singulière. Les actions de prime seront licites, dit-il, si elles sont délivrées en dehors du capital social, mais elles seront illicites si elles sont comprises dans ce capital. C'est, à notre avis, le contraire qui est vrai, aucune action ne peut exister en dehors du capital social, l'action de prime représente une partie de ce capital, puisqu'elle ne peut être que la représentation d'un service pour la constitution de la

Société; elle est donc une valeur réelle, qui doit être soumise à *l'appréciation des deux Assemblées générales* soit à titre d'apport en nature, soit à titre d'avantage particulier. Elle rentre ainsi dans la catégorie des actions d'apport dont nous venons de nous occuper. » Mais, dira-t-on peut-être, dans le cas de l'Union Générale, la délibération prise par son Assemblée générale ne contient nullement les éléments exigés par l'article 4.

Ce que la loi a voulu, pourrait-on à la rigueur soutenir avec beaucoup de subtilité, « c'est que la vérification ait lieu seulement à la constitution d'une Société, et non pas au cours de son existence », à l'occasion de l'augmentation de son capital. En outre, les apports et les avantages stipulés dans les statuts peuvent seuls être vérifiés et approuvés par les actionnaires réunis en Assemblée générale.

En ce qui concerne la première partie de cette objection, nous avons déjà montré l'instabilité de cette thèse.

La doctrine et la jurisprudence ne laissent aucun doute à ce sujet.

La réfutation de la seconde partie découle nécessairement de la première. Une fois admis que l'article 4 doit être appliqué aussi au cas de l'augmentation du capital social, il est évident que tout le raisonnement tombe de lui-même.

Il ne faut pas oublier que la pensée de la loi se précise, sinon par ses termes, du moins par son objet et par le but vers lequel a tendu le législateur.

Il s'agit du contrat de Société, c'est-à-dire d'une

convention dans laquelle l'égalité entre tous est le principe dominant et la loi des parties.

Sans doute, on peut, on doit admettre que celui qui d'une manière quelconque rend des services spéciaux à la chose commune, obtienne une part plus grande dans les profits ; mais de tels avantages doivent être le prix de services réels. Il importe donc de ne les concéder qu'en connaissance de cause.

« Ce que le législateur a voulu voir dans l'article 4, dit M. Pont, et à raison duquel il exige le contrôle de l'Assemblée générale des actionnaires, s'entend de toute stipulation qui, *en attribuant à tel ou tel associé une part plus grande dans les bénéfices, romprait au profit de l'un des sociétaires l'égalité qui en principe doit exister entre tous.* » Or, la délibération de l'Assemblée générale du 5 novembre 1881 rompt justement, au profit des anciens actionnaires, l'égalité qui doit exister entre tous ; elle impose aux nouveaux actionnaires une charge de 350 francs qui profite exclusivement aux anciens.

Il est vrai que ceux-ci pourront dire aux nouveaux : « La charge qu'on vous impose en notre faveur est justifiée par une réserve dès à présent constituée à l'Union Générale, et par les bénéfices qu'elle s'est assurés pour l'exercice prochain, auxquels vous pourrez participer comme nous. »

Ce langage, s'il était tenu, serait certainement logique et même juridique ; mais puisque les anciens actionnaires exigent un avantage en échange des services rendus par eux et dont le caractère se manifeste dans ce cas par une réserve et par des bénéfices assurés pour l'exercice prochain, il faut au moins que ces services soient contrôlés, vérifiés conformément à l'art. 4, pour voir si l'avantage accordé est en rapport avec les services rendus.

En effet, on ne peut pas rendre la situation d'un souscripteur d'une nouvelle action plus mauvaise que celle d'un ancien. Celui-ci a tous les moyens pour vérifier et contrôler ce que les fondateurs avancent; le nouveau sera totalement désarmé, forcé d'accepter aveuglément ce que le Conseil d'administration allègue. C'est là une impossibilité matérielle contraire au bon sens et à la logique.

La convention qui contient un avantage particulier est une dérogation à ce principe de l'égalité, qui est la première condition du contrat.

« Et sous quelque forme que l'avantage soit fait à l'associé, dit encore M. Pont, la cause en devra nécessairement être soumise à la vérification et à l'approbation des actionnaires, participation de tant pour cent dans les bénéfices, prélèvement d'une *somme à payer soit en argent*, soit en actions libérées, primes, gratifications; la nécessité sera la même dans tous les cas, par cela seul qu'il y a un associé qui prend sur le fonds commun *une fraction soustraite au partage.* » Et plus loin : « Pourquoi les associés qui souffriront du prélèvement avant tout partage, ne seraient-ils pas appelés à vérifier, à apprécier par eux-mêmes et à se prononcer tant sur ces droits mêmes que sur l'importance ou la mesure qu'il convient de leur donner? »

Une dernière objection pourra enfin être faite à notre système en soutenant que, dans le cas de l'Union, il ne s'agit pas d'un avantage accordé à un seul associé, mais à tous les anciens actionnaires, par conséquent aux associés actuels de la Société. Comme en outre cet avantage doit être distribué aux mêmes actionnaires qui supporteront la charge, puisque les nouvelles actions sont réservées aux anciens actionnaires à raison d'une nouvelle contre deux anciennes actions, l'avantage particulier est régi par la dernière disposition de l'art. 4 : il est, en d'autres termes, dispensé de la vérification, l'apport étant formé entre ceux seulement qui en étaient propriétaires par indivis.

Cette objection est certainement la plus sérieuse que l'on puisse formuler, cependant la première partie a été justement traitée par M. Pont. Il se prononce à ce sujet d'une manière assez explicite :

« Au contraire, serait sujet à approbation l'avantage accordé non pas à un seul associé, mais à une classe particulière d'actionnaires ou d'associés. Pris dans ces termes, l'article 4 semblerait n'aller pas jusque là.

« Lorsqu'un associé, y est-il dit, stipule à son profit des avantages particuliers, etc. Mais il faut s'attacher avant tout à l'esprit de la loi.

« L'article 4 statue en vue de la stipulation dérogeant au principe de l'égalité, qui doit être la loi commune dans cette matière de la Société.

« Il comprend donc toute stipulation qui fait échec à ce principe.

« Or, il est bien certain que favoriser une classe spéciale d'associés, c'est diminuer d'autant la part de ceux qui n'y sont pas compris : c'est donc établir l'inégalité et par conséquent créer la situation même en vue de laquelle le législateur exige l'examen préalable et l'approbation des parties intéressées. »

(Voir aussi Beslay et Lauras, n° 402.)

La première partie écartée, nous discuterons plus facilement la seconde.

On nous dit que l'apport étant fait par tous les anciens actionnaires et l'avantage distribué entre les mêmes, la vérification ne doit pas avoir lieu ; mais pour que cette thèse soit au moins discutable, il faut que tous les anciens actionnaires aient souscrit les nouveaux 100,000 titres ; — il ne faut pas qu'il existe *un seul* nouvel actionnaire, car en cas contraire, on attribuerait un avantage particulier aux anciens, à son détriment. — Il faut, en d'autres termes, que chaque ancien actionnaire ait pris possession d'un nouveau titre contre deux anciens.

C'est là une condition *sine qua non*, sans laquelle toute décision de l'Assemblée générale formée par tous les actionnaires serait nulle.

C'est donc là plutôt une question de fait qu'une question de droit ; l'instruction ne l'a pas encore établie.

Il faut en outre que cette thèse ne soit pas en contradiction formelle avec nos lois ; or, que dit notre dernier alinéa de l'article 4 ? Il déclare : « Les dispositions du présent article relatives à la vérification de l'apport qui *ne consiste pas en numéraire* ne sont pas appréciables, etc., etc. »

Dans ce cas il s'agit justement de numéraire, et par conséquent l'objection est contraire à notre loi.

Nous éliminons à dessein de notre discussion tous les faux bruits qui circulent, nous nous plaçons essentiellement sur le terrain juridique.

Nous formulons les questions que cette affaire pourra soulever, et nous cherchons à les analyser conformément à nos lois et à notre jurisprudence.

Mais nous croirions être incomplets si nous n'envisagions pas le cas de dol et de fraude.

Quelques mots suffiront à établir et à éclairer la question.

Dans le cas où il y aurait des souscriptions fictives ou des allégations fausses consistant dans l'énonciation de faux bénéfices, induisant les actionnaires en erreur, ces faits constituent des manœuvres prévues et punies par nos lois pénales, et qui rendent en outre toutes les décisions de l'Assemblée générale nulles.

Notre système, pourra-t-on nous dire, est très-dangereux, car nous, ne concluons pas seulement à l'annulation de l'émission des nouvelles actions, mais même indirectement à l'annulation des 50,000 autres actions, émises avec une prime de 20 francs, et enfin des 100,000 anciennes actions émises avec une prime de 175 fr.

Nous répondrons à cette objection que la situation de ces deux émissions ne nous paraît pas identique à celle de l'émission des 100,000 nouvelles actions décidée par l'Assemblée générale des actionnaires du

5 novembre 1881. Nous croyons que pour les deux premières émissions le résultat des bénéfices provenant des primes a été versé au fonds de réserve, au partage duquel tous les actionnaires sans distinction devaient participer, tandis que pour les dernières 100,000 actions les bénéfices provenant de l'émission devaient être employés à libérer en grande partie les anciennes actions ; il se peut cependant qu'une question juridique soit soulevée, même sur la validité des anciennes actions.

Mais, puisque cette question grave ne fait pas l'objet de notre travail et ne peut être traitée en quelques lignes, nous préférons l'abandonner à la méditation des intéressés.

La conclusion que nous avons voulu tirer de notre long travail est celle de démontrer que l'émission des nouvelles actions de l'Union générale est radicalement nulle, que la délibération de l'Assemblée générale du 5 novembre 1881 est contraire à toutes nos dispositions légales, et qu'enfin une tentative d'appel de fonds sur ces titres serait une véritable ruine à cause du désastre qu'elle produirait sur notre marché financier.

5343. — Paris. — Typographie Tolmer et Cie, 8, rue de Madame.

JOURNAL

DES

VALEURS MOBILIÈRES

FRANÇAISES & ÉTRANGÈRES

RECUEIL PÉRIODIQUE DE LÉGISLATION, DE DOCTRINE ET DE JURISPRUDENCE

PAR MM.

E. CAMBERLIN
Secrétaire de la présidence du Tribunal de commerce de la Seine, chevalier de la Légion d'honneur.

ROGER DUFRAISSE
Avocat à la Cour d'appel de Paris.

AVEC LE CONCOURS DE MM.

Jules AUDIER
Juge au Tribunal civil de Grenoble.

Daniel DE FOLLEVILLE
Doyen de la Faculté de droit de Douai

RUBEN DE COUDER
Docteur en droit, juge au Tribunal civil de la Seine, ancien rédarteur en chef du *Sirey* et du *Journal du Palais*.

Ambroise BUCHÈRE
Conseiller à la Cour d'appel de Paris.

H. F. RIVIÈRE
Conseiller à la Cour de cassation.

S. VAINBERG
Docteur en droit, Avocat à la Cour d'appel de Paris.

Le Journal paraît régulièrement tous les mois, à partir du 1ᵉʳ Janvier 1882, par livraison de 48 pages, et formera chaque année un beau et fort volume in-8° raisin.

PRIX DE L'ABONNEMENT : QUINZE FRANCS PAR AN.

(Les frais de port en sus pour les pays ne faisant pas partie de l'Union postale.)

Adresser les demandes d'abonnement à **M. CHEVALIER-MARESCQ**, éditeur, 20, rue Soufflot, Paris

5343. — Paris. — Typ. Tolmer et Cⁱᵉ, 3, rue de Madame.